AF467278

MÉMOIRE
ET CONSULTATIONS

POUR

LA SOCIÉTÉ REPRODUCTIVE DES BONS LIVRES,

EN RÉPONSE

A la Circulaire de M. le Ministre de l'Intérieur contre cette Société.

La *Société reproductive des bons livres*, fondée au 1er avril 1837, fut reconstituée sur des bases plus larges, au mois de juillet dernier, par acte de Me Carlier, notaire à Paris. Cet acte de société, enregistré le 26 juillet 1837, fut bientôt répandu à un très-grand nombre d'exemplaires. Dès l'origine, son but était ouvertement proclamé, et l'article premier de cet acte en fait foi. Pour procéder d'une façon à la fois plus simple et plus incontestable, nous reproduisons cet important passage :

Création de la Société. — Son objet.

Art. 1er. « Il est formé entre MM. Théodore Perrin et » Henri Barba, fils aîné, et les personnes qui par la suite » adhéreront aux présents statuts, une Société ayant pour but » de propager la religion par les lumières, et les lumières par

» la religion. Pour atteindre ce but, elle se propose de réim» primer, traduire, refondre, abréger, annoter en langue » française les meilleurs ouvrages anciens et modernes, soit » grecs ou latins, soit français ou autres, sur la religion, la » morale, l'histoire, la littérature, les sciences et les arts, en » se renfermant toujours dans les limites de l'orthodoxie catho» lique, *et en s'interdisant expressément la manifestation » d'aucune opinion politique,* sans renoncer cependant à trai» ter périodiquement, ou non, les questions sociales, mais en » ne le faisant jamais dans l'intérêt d'aucun parti. »

Cette franche et loyale intention fut comprise, comme elle méritait de l'être, par les hommes de bien de toutes les opinions. Ils prévirent facilement l'heureux résultat qu'il fallait attendre d'une œuvre de ce genre. Ce qui les frappa davantage, fut le soin avec lequel la *Société reproductive* se plaisait en quelque sorte à se montrer exempte de toute tendance politique, de tout esprit de parti. Bientôt ces sympathies si vives et si spontanées se traduisirent d'une manière positive en faveur de cette Société; car au 1er août 1837, c'est-à-dire quatre jours seulement après la promulgation de l'acte social, le total des actions soumissionnées s'élevait à l'énorme somme de *quatre cent quarante et un mille francs,* et aujourd'hui le chiffre a considérablement augmenté.

A coup sûr, jamais entreprise ne débuta sous de si heureux auspices; toutefois elle ne devait pas se tenir à ce premier et immense succès, ainsi que nous le prouverons tout à l'heure. La Société reproductive lança bientôt un prospectus dont les pensées et le style produisirent de toutes parts une juste et profonde impression. Nous en transcrivons un fragment; car nous ne pourrions trouver une expression plus nette et plus éloquente des principes et des sentiments qui inspiraient les fondateurs.

« Certes, c'est un immense travail de régénérer une société » perdue de foi et de mœurs, comme l'est la nôtre. Qui n'a » frémi souvent au récit de ces crimes, dont les rois eux-mê» mes ne sont point à l'abri? cette impiété, cette immoralité » profonde, ces épouvantables forfaits, ils n'ont pas leur cause, » leur mobile, ailleurs que dans ces tristes écrits dont on a infesté » le sol de la France. Faisons bien comprendre cette grande » vérité sociale, et il y aura encore assez d'hommes sages

» et vraiment patriotes pour nous aider à remplacer cette se-
» mence funeste par la propagation des bons livres. Nous ne
» sommes d'aucun parti politique; nous n'arborons pas d'au-
» tre drapeau que celui de l'Evangile; nous voulons la paix, la
» concorde entre les frères, nous demandons à grands cris le
» bonheur public. Quel Français pourra nous refuser ses sym-
» pathies? »

Ce prospectus était suivi d'un catalogue très-détaillé, présentant la réunion des ouvrages les plus utiles et les plus intéressants. Chacun put s'assurer alors que la *Société* remplissait complétement ses promesses, et méritait sous tous les rapports ce noble titre de *reproductive des bons livres;* car on ne voyait figurer que les noms des auteurs les plus honorablement connus par la pureté de leurs écrits en religion, en morale, en histoire, etc. : pour toutes les œuvres de bien elle se montrait féconde et prodigue; mais elle était inflexiblement exclusive de toutes celles qui ont propagé tant d'erreurs et produit un mal si grand sous toutes les formes.

La *Société reproductive* semblait offrir d'assez hautes garanties pour être dispensée de s'expliquer une fois de plus sur l'unique but de ses efforts. Cependant elle voulut encore prouver sa bonne foi et renouveler envers le public la confidence de ses projets. Le 10 août elle adressa à ses directeurs, sous-directeurs et correspondants de France et de Belgique, *ses premières instructions,* dans lesquelles il est bien évident que la seule condition requise pour être admis au nombre des agents de la Société, est d'être connu par une moralité religieuse. Bientôt des solliciteurs nombreux accoururent de tous les points de la France; ils mettaient en avant, ce qui était impérieusement exigé, leur bonne réputation, puis, pour cautionnement matériel et indispensable, ils apportaient une somme d'argent à convertir en actions inaliénables, et en échange de laquelle ils recevaient une quantité de livres dont la valeur commerciale formait presque le double de leurs mises de fonds. Ainsi se trouvait moralisé le système de commandite, si souvent flétri de nos jours, et avec tant de raison. Les actionnaires en effet ne couraient aucun risque, puisqu'ils devaient avoir entre leurs propres mains le moyen de rentrer dans leurs déboursés, et que, grâce à ce mode de placement, ils trouvaient une position honorable et lucrative.

Ces avantages pécuniaires, mais surtout ces avantages moraux devaient singulièrement flatter ceux qui en France comprennent dans toute son étendue la mission de l'homme de bien. Ils saisirent avidement l'occasion de devenir, sans aucun risque pour eux, les propagateurs des saines doctrines par lesquelles on peut réparer les incalculables conséquences des productions de l'impiété.

Dans toutes les provinces, la *Société reproductive* fut organisée, ou, pour parler plus juste, fut improvisée : tant fut grand le nombre de ceux qui voulurent y concourir. La plupart des chefs-lieux, des arrondissements, des cantons eurent en peu de temps leurs directeurs, leurs sous-directeurs, leurs correspondants, tous animés du même zèle, parce qu'ils croyaient travailler dans le plus grand intérêt de l'ordre et du pays. Il faut en convenir, déjà les bons livres couvraient la France comme d'un immense réseau, et la *Société reproductive*, malgré son infatigable activité et son entier dévouement, ne pouvait suffire aux demandes qui affluaient de tous côtés. Tous rendaient hommage à ses intentions comme à ses actes dont on réclamait impatiemment le rapide développement; car, dans notre siècle, le mal est si général et si enraciné, qu'il faut des contre-poisons prompts et sûrs. Rien ne troublait ce concert d'éloges et d'encouragements, si ce n'est pourtant la corporation des libraires qui, dans un point de vue tout personnel et spéculatif, se plaignaient de voir leurs établissements, mélange de bien et de mal, menacés par la *Société reproductive*. Cela se conçoit; car non-seulement celle-ci ne vendait pas de mauvais livres, mais elle empêchait qu'on en achetât. Tel est en effet le privilége du bon et du vrai ; c'est que, non contents de les affectionner et de les cultiver, leurs prosélytes se préoccupent sans cesse de ramener dans leur voie ceux qui en sont éloignés par de fatales influences.

La *Société* poursuit invariablement son œuvre, elle triomphe de tous les premiers obstacles, elle marche à grands pas, forte de son but. Le 15 septembre, elle envoie de nouvelles instructions à ses agents, afin de leur expliquer ce qu'ils ont à faire pour la progression de l'entreprise, devenue commune à un si grand nombre d'hommes honorables de toutes les conditions et dans toutes les localités de la France.

Grâce au Ciel, le succès redouble, la salutaire propagande

reçoit un accroissement prodigieux; on peut espérer que bientôt son effet se fera sentir, et *régénérera une société perdue de foi et de mœurs, comme l'est la nôtre; qu'elle remplacera, par de sages leçons et de bons exemples, cette perversité profonde, ces épouvantables forfaits dont la cause est tout entière dans ces funestes écrits qui ont infesté le sol natal.* Il faut nous hâter d'ajouter, qu'à l'aspect de tout ce que multipliait avec tant de bonheur la *Société reproductive*, un homme des plus haut placés par un nom historique et par une grande influence personnelle, s'était honoré d'accepter le titre et les fonctions de son président. M. le duc de Montmorency avait senti qu'à lui, plus qu'à tout autre, il appartenait de seconder de tout son pouvoir des vues si élevées et si généreuses ; il avait reconnu, et il s'était hâté de le dire, que ceux à la tête desquels il se plaçait n'avaient pour mobile que la morale et la religion, et que par là même ils devaient être grandement utiles au gouvernement qu'il sert.

Enfin, après avoir pris scrupuleusement connaissance des Statuts, M. Philippe Dupin déclara qu'il n'y trouvait rien qui ne fût honorable, et consentit à devenir le conseil judiciaire de cette Société.

Courage donc, courage, fondateurs de cette grande œuvre ! suivez la devise : *Droit, et en avant!* vous êtes désormais reconnus comme les véritables bienfaiteurs du pays. Vos concurrents, ou plutôt vos ennemis, les libraires, se taisent, parce qu'ils prévoient bien que les injustes récriminations qu'ils pourraient élever contre vous retomberaient sur eux.

Mais voici que tout à coup une circulaire part comme la foudre du ministère de l'intérieur. Avant tout commentaire, nous la reproduisons en entier :

Ministère de l'Intérieur, etc. Circulaire, n. 54.

Paris, 28 octobre 1837.

« Monsieur le préfet, une vaste entreprise de librairie, ou plu-
» tôt une grande société de *propagande légitimiste* pour les li-
» vres à bon marché s'est établie à Paris depuis plusieurs mois.

» Son nom est *Société reproductive des bons livres*, titre *men-» songer, puisqu'elle se propose de ne donner que des ouvra-» ges presque tous nouveaux*. Les gérants *apparents* sont » l'abbé THÉODORE PERRIN pour la direction littéraire, et » HENRI BARBA pour la partie administrative. *Les gérants vé-» ritables* sont les *actionnaires carlistes*, formant le comité de » surveillance et de direction.

» Cette Société est *habilement* organisée; elle a un direc-» teur dans chaque département, un sous-directeur dans » chaque arrondissement et un correspondant dans chaque » canton. Le correspondant de canton n'a de rapport qu'avec » le sous-directeur d'arrondissement, celui-ci qu'avec le » directeur du département, ce dernier avec le gérant, et le » gérant avec le comité de surveillance.

» Les directeurs de département donnent 3,000 francs de » caution (soit 3,000 francs d'actions inaliénables), les sous-» directeurs d'arrondissement 500 francs, et les correspondants » 100 francs. On leur envoie en échange, aux premiers, pour » environ 5,000 francs de livres de la propagande, et aux au-» tres proportionnellement à leur mise. Les directeurs, sous-» directeurs et correspondants doivent prouver qu'*ils sont dé-» missionnaires ou destitués de* 1830, *ou avoir été affiliés à la » congrégation*. La mission de ces différents agents est de » vendre les livres ou brochures qu'on leur expédie de Paris, et » de distribuer gratis ce qui doit l'être.

» Pour s'éviter des démêlés avec le pouvoir, la Société a » commencé à n'émettre que de petits traités religieux, mo-» raux et historiques; mais on travaille activement à des li-» vres et brochures qui *seront loin de n'être pas hostiles à la » liberté de conscience et à la révolution de juillet*. On *assure* » positivement qu'au commencement de l'hiver il *doit* paraî-» tre, par les soins de la Société, des écrits *sur le protestan-» tisme*, et une histoire de la révolution française racontée par » un grand-père à ses petits-enfants, ouvrage qu'on *attribue* » à M. le vicomte de Walsh.—La Société s'occupe en ce mo-» ment de faire réimprimer un livre déjà publié à Rouen. Ce » livre est intitulé : *les Heures royales, dédiées à S. M. la Reine » des Français*, par Victor d'Anglars. Elle espère que ce titre » *antilégitimiste protégera* son entreprise ; mais il n'en sera » tiré qu'un *très-petit nombre* d'exemplaires qui seront adres-

» sés seulement dans les chefs-lieux de préfectures et de » sous-préfectures, et l'on se servira des types et des gravu- » res du livre pour d'autres *Heures royales, qu'on dédiera* à » madame la duchesse d'Angoulême.

» Il importe de mettre obstacle aux vues de cette associa- » tion; le moyen que je vais vous indiquer paraît être redouté » par elle. Les directeurs, sous-directeurs et correspondants » ont tous un dépôt de ses livres; ils s'assimilent aux libraires » en les vendant au public; ils doivent donc, comme libraires, » se pourvoir d'un brevet et d'une patente. La plupart d'entre » eux ne *voudront certainement pas s'y résoudre; car ce sont » en général d'anciens employés supérieurs qui, pour favori- » ser une œuvre de propagande dans l'intérêt de leur opinion, » n'iront pas jusqu'à accepter la qualité de commerçants, et » encore moins les charges attachées à l'exercice de la profession » de libraire.*—Je vous invite en conséquence à faire *rechercher* » dans votre département les agents que peut y avoir la So- » ciété dont il s'agit. Vous leur appliquerez les *dispositions » légales* sur la matière et me rendrez compte des résultats que » vous aurez obtenus. Si je *parviens* à me procurer la liste » des agents par suite *des investigations de la préfecture de » police*, je m'empresserai de vous la transmettre.

» Agréez, monsieur le préfet, etc.

» Le pair de France, ministre secrétaire d'Etat au département de l'intérieur.

» *Signé* Montalivet.

» *Pour expédition :*

» Le chef de la division des Beaux-Arts et de l'Imprimerie.

» *Signé* Cavé. »

Dès qu'on eut connaissance de cette circulaire, le conseil de la Société essaya d'éclairer la religion du ministre de l'intérieur que l'on avait si étrangement surprise, et il reçut, pour appuyer ses assertions, la lettre suivante de l'un des gérants :

Paris, 14 novembre 1837.

« MONSIEUR PHILIPPE DUPIN,

» Je reçois une copie de la circulaire adressée aux préfets » par M. le ministre de l'intérieur, au sujet de la *Société reproductive des bons livres,* et c'est avec le plus grand étonnement que je m'y trouve représenté comme *l'agent apparent* » de la propagande légitimiste.

» Vous me permettrez de répondre catégoriquement aux » accusations dont je suis l'objet.

» Je ne suis l'agent d'aucun parti ; c'est moi *seul* qui ai » conçu l'idée de la *Société reproductive ;* c'est moi *seul* qui » la dirige, et je n'accepte l'influence de personne ; mon intention est de travailler à la propagation des saines doctrines » et au rétablissement de la morale par la religion, et j'ai assez d'expérience et de sagesse pour ne point me jeter dans » les querelles des partis. Mon opinion assez connue est que » les hommes de bien doivent savoir gré au gouvernement de » ce qu'il fait pour protéger l'ordre et la religion.

» Il n'y a point dans la *Société reproductive* d'*actionnaires carlistes ;* le comité de surveillance, purement commercial, » est composé de MM. Daubrée, fabricant de papier, 148, rue » Montmartre ; Beaulé et Jubin, imprimeurs, 8, rue du Monceau-Saint-Gervais ; Poussielgue, imprimeur, 20, rue du » Croissant ; Malte-Brun, dessinateur, 14, rue de Bondy ; et » Laderer, graveur, rue Honoré-Chevalier. En prenant les » renseignements qu'on voudra sur ces messieurs, on verra » qu'ils ne sont pas à redouter comme légitimistes.

» Quant à nos agents dans les départements, j'en fais dresser la liste pour la communiquer à M. le ministre de l'intérieur, et il pourra s'assurer que la majeure partie sont des » hommes qui ne consentiraient pas à prêter leurs noms à une

» œuvre politique. Notre président, M. le duc de Montmo- » rency, n'est pas assurément un homme de parti; vous-même, » Monsieur, n'eussiez pas accepté d'être notre conseil, si vous » aviez eu quelque doute sur nos intentions.

» Comment donc a-t-on pu nous représenter comme des » ennemis de Louis-Philippe? Est-ce notre *Almanach des fi-* » *dèles* qui a inspiré de telles préventions? Il va paraître ces » jours-ci, et l'on verra qu'il est plutôt favorable qu'hostile » au gouvernement. Nous n'y attaquons pas non plus la liberté » de conscience. Catholique, j'y ai inséré un petit traité sur » l'Eglise, et je prouve qu'en elle seule est la vérité et le sa- » lut; mais si je le fais avec conviction, je le fais aussi avec » sagesse et charité, et je ne pense pas qu'aucun protestant » puisse se formaliser de mes paroles.

» Nous imprimons un livre dédié à S. M. la Reine des Fran- » çais, et on dit qu'il ne doit être tiré qu'à un petit nombre » d'exemplaires; or, nous avons un marché avec M. Caboche, » lithographe, 19, passage Saulnier, qui l'oblige à nous impri- » mer ce volume avec le plus grand luxe, au nombre de *cinq* » *mille exemplaires*, et seul il nous coûtera jusqu'à 30,000 fr. » Nous avons aussi annoncé pour l'an prochain *des Heures dé-* » *diées à madame la Dauphine*: c'est que nous ne voyons au- » cun inconvénient à offrir à une femme pieuse un livre de » prières, et que nous n'entendons pas plus paraître d'un parti » que de l'autre.

» En résumé, Monsieur, je refuse la qualification d'homme » de parti; j'affirme sur la religion et sur l'honneur que la » *Société reproductive* est étrangère à la politique; j'affirme » que j'en suis le seul directeur, et, fort de la pureté de mes » intentions, j'offre de me soumettre pour toutes nos publica- » tions à la censure du gouvernement. Je prétends même » servir ses intérêts par la propagation des idées d'ordre et de » religion, sans lesquelles il n'est point de gouvernement pos- » sible.

» J'ai l'honneur d'être, Monsieur,

» Votre obéissant serviteur.

» THÉOD. PERRIN. »

M. l'abbé Perrin ajoutait dans l'*Almanach des fidèles :*

« On a cherché à persuader que le but de cette vaste entreprise était politique, et que la *Société reproductive* n'était autre chose qu'une grande conspiration légitimiste. Il peut y avoir des légitimistes parmi nous, et nous ne prétendons pas le nier, leur amitié nous honore trop pour que nous n'en soyons pas glorieux. Mais nous affirmons que ce n'est point à titre de légitimistes qu'ils font partie de notre œuvre ; et l'on peut nous en croire, quand on voit figurer à côté d'eux, comme protecteurs ou collaborateurs de la *Société reproductive*, des hommes d'une opinion politique toute différente. »

En même temps que tout cela se passait, M. le marquis de Chesnel informait M. le président des préventions qu'on avait inspirées contre la *Société* au gouvernement, et la seule parole d'un Montmorency déclarant qu'il s'était associé à une œuvre de régénération sociale, et non point à une œuvre de bouleversement politique, devait suffire sans doute pour obtenir la paix à ceux qui n'ont jamais troublé celle de personne. Il est bon de connaître à fond toute cette affaire ; voici donc la lettre de M. le secrétaire général de la *Société reproductive*, et la réponse de M. le duc de Montmorency.

« MONSIEUR LE DUC,

» J'ai l'honneur de vous adresser toutes les pièces de la So-
» ciété que vous m'avez réclamées ce matin. Elles sont les
» mêmes que celles expédiées par nous aux agents que nous
» employons, ou aux candidats qui se présentent, et nous dé-
» fions qui que ce soit de produire aucune instruction ou pièce
» quelconque, émanant de nous, qui renferme des conditions
» autres que celles établies dans les imprimés que nous vous
» remettons.

» Il s'agit donc, simplement, d'éclairer la religion du minis-
» tre, qu'on a surprise ; la Société reproductive demande que
» justice lui soit rendue, et elle le demande d'autant plus que,
» loin de mériter la défaveur à laquelle elle est en butte de la
» part de l'autorité, elle se rend digne au contraire, par l'in-
» tention qui préside à ses actes, d'obtenir sa bienveillance et
» son appui.

» Que veut la Société, quelle est la mission qu'elle s'est imposée? c'est de repousser, de combattre les idées subversives qui envahissent, généralement, les esprits de l'époque actuelle, et d'engager cette lutte en s'aidant des saines doctrines dont font usage, dans tous les temps, la morale et la religion, c'est-à-dire les doctrines sans lesquelles il n'y a point de stabilité possible dans l'union de la famille particulière et dans celle d'une nation. Ce n'est point à une controverse sur les personnes que se livre la Société reproductive, mais c'est uniquement une question de principes qu'elle défend; ce n'est pas une opinion de circonstance qu'elle veut faire prévaloir, c'est une vérité de tous les siècles et de tous les lieux qu'elle cherche à faire accueillir pour le bien de tous.

» Vous savez, Monsieur le duc, que la Société a déclaré, dès l'origine de son organisation, qu'elle demeurerait étrangère à la politique, et elle a été fidèle à sa promesse.

» On a dit qu'elle exigeait des certificats de congrégation des agents qu'elle employait; qu'elle formait une propagande carliste; qu'elle était hostile au gouvernement de juillet, etc. Elle donne un *démenti formel* à ces accusations, et à quelque recherche que soient soumis ses actes, on ne trouvera rien qui puisse affaiblir le mot flétrissant qu'elle jette au visage de ses ennemis.

» Il est vrai seulement que des gens bien nés, que des fonctionnaires et des militaires sans emplois, ont confié à la Société une portion de leurs intérêts, et se sont chargés de placer les livres qu'elle publie ; mais à cette vente bien innocente, à cette opération toute commerciale, se bornent les rapports de la Société et de ses agents. Pourrait-on nous prescrire d'établir des exceptions dans le choix de nos correspondants, lorsque nous-mêmes n'observons aucune autre loi pour l'admission que celle de la moralité? Cela ne saurait être; car il y aurait arbitraire, et l'arbitraire ne doit jamais être la règle d'un gouvernement sage.

» Les gérants de la Société reproductive ont appuyé leur entreprise sur de bonnes doctrines; mais ils n'ont pas renoncé pour cela à ce qu'on est convenu d'appeler *spéculation*, et ils ont assez d'expérience et de raison pour être convaincus qu'une œuvre de parti ne pourrait obtenir la durée et la

» consistance qu'ils veulent s'assurer. Il en est de même des » principaux intéressés, qui sont tous gens industriels, et peu » disposés à confier leur fortune aux chances d'une question » politique.

» L'obligeance que vous voulez bien avoir, Monsieur le duc, » de parler à M. le comte de Montalivet, de la circulaire qu'on » a surprise à sa bonne foi, rencontrera donc, nous l'espérons, » peu de résistance à combattre; et nous sommes convaincus » que votre bienveillante intervention rétablira immédiate» ment les choses telles qu'elles doivent l'être et rester.

» Un seul cas, dans tout ceci, repose sur une sorte de lé» galité : c'est le brevet de libraire qu'on voudrait exiger de » nos correspondants. Quelle que soit la disposition de la loi à » ce sujet, l'usage a consacré, jusqu'à ce jour, que les dépôts » d'un éditeur n'étaient point soumis à cette formalité. Toutes » les associations de librairie jouissent de cet avantage, et nous » en priver serait une exception que rien dans notre conduite » et nos publications ne peut justifier. Je le répète encore, la » nature de notre œuvre est digne d'une distinction et d'un » encouragement particulier.

» Enfin, Monsieur le duc, nos bureaux, nos magasins, notre » correspondance sont ouverts aux investigations de l'autorité, » et nous appelons les premiers, de tous nos vœux, les éclair» cissements sur nos actes. »

« Dimanche 19 novembre 1837.

» Ce n'est qu'hier, Monsieur le marquis, que j'ai pu voir » le ministre de l'intérieur ; je n'ai pu lui dire que deux mots » de *notre affaire*, mais je lui ai laissé les papiers que vous » m'avez envoyés : il m'a promis d'examiner le tout avec at» tention. Je l'*ai bien assuré* qu'il n'y avait rien de politique, » et que *la meilleure preuve* que je pouvais lui en donner, » *c'est que mon nom* s'y trouvait. Je pars demain pour six » jours, et à mon retour, s'il y a encore quelques démarches » à faire, vous me trouverez tout disposé. Mais j'ai voulu, » avant de partir, vous faire part de ma visite au ministère. » Je vous prie, Monsieur le marquis, de recevoir l'assurance » de ma considération.

» Le duc DE MONTMORENCY. »

M. le duc de Montmorency, comme on voit, disait *notre affaire*, en parlant de la *Société reproductive*, et nous avons vu maintes lettres écrites de sa main, par lesquelles il prend le plus vif intérêt aux travaux de la Société. Dans celle-ci, il jurait par son nom qu'il n'yavait rien de politique, le nom d'un Montmorency !!! M. le ministre s'obstine; M. le duc de Montmorency, ne pouvant le convaincre et n'osant pas entrer personnellement en lutte, cède, et, par un revirement inattendu, donne sa démission de président. M. le marquis de Chesnel, voulant au moins épargner à M. le duc de Montmorency des critiques sévères et de dures appréciations, lui écrivit la lettre suivante :

« Monsieur le duc,

» J'ai l'honneur de vous remettre ci-joint un projet d'avis » pour faire connaître au public que vous renoncez à la pré- » sidence de la *Société reproductive des bons livres*. Je crois » cette note convenable pour *vous* et pour *nous*. Pour *nous*, en » ce qu'elle nous épargne des interprétations malveillantes qui » nuiraient à de nombreux intérêts ; pour *vous*, attendu qu'aux » yeux de ceux qui savent qu'il a pris au pouvoir la fantaisie » de tracasser une association bien inoffensive, il ne faut pas » qu'on puisse penser qu'une concession vous a été imposée » par ce pouvoir. Non, il ne faut pas laisser supposer cela; » car, et je le dis avec une franchise toute bretonne, une con- » cession de cette nature ne pourrait être acceptée par un » Montmorency.

» Déjà j'ai eu occasion de vous dire, Monsieur le duc, que » je n'avais aucun intérêt d'argent dans la Société qui m'em- » ploie, c'est-à-dire un intérêt autre que celui des appointe- » ments que je reçois pour un travail de bureau. Si je défends » vivement cette Société, c'est que je suis initié dans ce qu'elle » fait, dans ce qu'elle veut, et que je considère la persécution » à laquelle elle est en butte, comme un acte inique.

» Je le répète, elle ne fait point de politique, et pour elle » cette prétention serait aussi absurde qu'infructueuse. Mais » s'il advenait qu'elle se plaçât sur cette voie, elle cesserait » immédiatement de me compter au nombre de ses adeptes ; » car je pourrais bien consentir à me jeter dans les rangs » d'un parti, ouvertement et le front haut, comme doit le faire

» un officier ou un écrivain qui se respecte ; tandis qu'il ne » me conviendrait nullement de conspirer, en me mettant à » l'abri derrière des factures et des catalogues. »

» J'ai l'honneur d'être, etc.

» Marquis DE CHESNEL.

» Paris, 29 novembre 1837. »

Malgré cette lettre si pressante et si énergique, M. le duc de Montmorency persista et dut rester placé sous le coup des jugements du public. Quant à nous, nous ne nous permettrons pas une seule réflexion. Lorsqu'un nom comme celui-là tombe sous votre plume, il faut songer à tout ce qui le précède et à tout ce qui l'entoure, puis s'en tenir à son égard à des documents officiels.....

Entrons maintenant dans le cœur de la question, et commentons, mot à mot, la circulaire du ministre. Disons, avant tout, que la *Société reproductive* a pendant deux mois essayé tous les moyens possibles d'obtenir justice du ministère : elle a supporté avec une charité vraiment chrétienne les premières conséquences de la circulaire, elle a vu sans colère et sans reproches ses opérations se ralentir et ses actionnaires s'alarmer. Pour toute réponse à cette diatribe officielle, elle s'est contentée de donner de sages instructions à ses agents, de leur faire espérer que le ministre reconnaîtrait bientôt *qu'on avait surpris sa bonne foi;* et ce n'est qu'après avoir vu diriger contre elle, sur tous les points de la France, des procès-verbaux, des appositions de SCELLÉS ; en un mot, qu'après avoir été presque partout l'objet de vexations arbitraires, qu'elle a songé à se défendre. Aujourd'hui, tous les moyens de conciliation ont été épuisés ; il y a pour sa patience et sa longanimité véritable lassitude, et de toutes parts la puissance officielle a produit son funeste effet. La Société doit donc élever la voix ; elle va démontrer au public par quels moyens on l'a attaquée, et comment on s'y est pris pour lui susciter d'immenses embarras. Nous faisons ici un appel aux hommes de bonne foi ; qu'ils examinent cette circulaire et qu'ils nous disent, la main sur la conscience, si, dans sa forme surtout, elle ne paraît pas plutôt émanée des bureaux de la police, que du cabinet particulier d'un ministre de l'intérieur ?

« *Monsieur le préfet, une vaste entreprise de librairie, ou » plutôt une grande Société de* PROPAGANDE LÉGITIMISTE *pour » les livres à bon marché, s'est établie à Paris depuis plusieurs » mois.* »

Ainsi, dès la première phrase, on se hâte de dénaturer le but de la Société. M. le ministre l'appelle PROPAGANDE LÉGITIMISTE, ce qui prouve qu'il ne s'est pas même donné la peine de lire l'*acte de société*, le *prospectus* et les diverses *instructions*, lesquels ont paru pendant les trois mois qui ont précédé sa circulaire, et où il aurait trouvé la certitude du contraire de ce qu'il avance avec tant de hardiesse. M. de Montalivet aurait dû savoir, mieux qu'un autre, qu'en appliquant ce mot *légitimiste* à une œuvre quelconque, il la vouait par là même à toutes les persécutions, qu'il désignait tous ses *agents* aux tracasseries du pouvoir, et détournait d'elle toutes les personnes qui ne se souciaient pas de se mêler à des œuvres politiques. Or, un ministre doit-il, sans renseignements positifs, à la légère, user de sa haute autorité et lancer ses subalternes contre des hommes non-seulement inoffensifs, mais éminemment utiles par la mission qu'ils se sont donnée ? doit-il induire le public en erreur pour l'engager à refuser ses capitaux à une affaire que peut ruiner une telle tactique?

M. le ministre ajoute : « *Son nom est Société reproductive » des bons livres, titre mensonger, puisqu'elle se propose de » ne donner que des ouvrages presque tous nouveaux.* »

Où donc M. le ministre a-t-il acquis le droit de se servir de cette offensante épithète, *mensongère?* On ne comprend pas qu'un ministre qui a des fonds secrets, une police si dévouée, si infatigable, à ses ordres, n'ait pas connu, jour par jour, heure par heure, les admirables travaux de cette Société qu'il calomnie. Bien plus, comment n'a-t-il pas voulu voir lui-même, avant de se poser en ennemi si acharné, cette réunion d'hommes studieux qui, dans l'ancien palais des Stuarts, consacrent leurs jours et leurs veilles à traduire dans toutes les langues, à annoter, à commenter les bons livres de toutes les époques et de tous les pays, ces livres dont parfois la Société a acheté à prix d'or le seul et unique exemplaire ? Il aurait vu, de ses propres yeux vu, la reproduction des œuvres de ces cloîtres si pieux, si érudits, et les constants efforts qui fouillent incessamment dans le passé pour y ressaisir ces enseignements graves et complets tant oubliés et tant méconnus dans notre siècle.

Certes, après un tel spectacle, qui l'eût heureusement impressionné lui-même, M. le ministre n'aurait pas publié *qu'on ne se proposait de ne donner que des ouvrages presque tous nouveaux*. La circulaire ne s'en tient pas là; elle veut aussi dire son mot sur les fondateurs de cette vaste entreprise : *Les gérants » apparents sont l'abbé Théodore Perrin pour la direction lit- » téraire, et Henri Barba pour la partie administrative. Les » gérants véritables sont les actionnaires* CARLISTES, *formant » le comité de surveillance et de direction.* »

Avec la moindre bonne volonté, M. le ministre, qui, nous ne saurions trop le répéter, peut et doit tout savoir, surtout quand il accuse, n'eût pas ignoré que M. l'abbé Théodore Perrin a déjà pris une part principale à des publications d'une haute utilité, et qu'il a voulu résumer en une seule entreprise tout ce que son intelligence active, ardente en fait de progression, lui inspirait de plus étendu et de plus complet. La *Société reproductive* fut le fruit de ses longues combinaisons, et il en est véritablement le directeur. M. de Montalivet ignorait sans doute aussi que M. Guizot, à qui on ne refusera pas sans doute de savoir apprécier la valeur des hommes, loin d'avoir conçu la moindre défiance sur les intentions hostiles de M. l'abbé Perrin, l'avait honoré, il n'y a pas plus d'un an, d'une mission bibliographique en Belgique, parce qu'il connaissait son zèle et son dévouement pour la science.

L'administration repose réellement entre les mains expérimentées de M. Henri Barba, fils et frère de libraires, libraire lui-même, et qui a tout quitté pour consacrer ses soins à une œuvre qui avait ses sympathies. Quant aux membres du conseil de surveillance que M. le ministre se complaît à nommer *carliste*, il y a une réponse désormais irréfutable : M. le duc de Montmorency en était le président ! ! !

M. le ministre déclare que *cette Société est habilement organisée*. C'est plutôt *utilement* qu'il fallait dire, car jamais propagande toute morale et religieuse ne fut mieux comprise et exécutée. M. le ministre s'explique ensuite sur les conventions pécuniaires arrêtées entre la Société et ses agents. Sous ce rapport, il ne nous apprend rien de nouveau, puisque le public tout entier a été mis dans la confidence de ces conventions à l'occasion desquelles nous avons dit plus haut que le système de commandite était employé d'une façon si franche, si délicate, que les agents, les actionnaires et les gérants formaient comme une seule famille.

Nous arrivons à un point plus grave. M. le ministre proclame « *que les directeurs, sous-directeurs et correspondants » doivent prouver qu'ils sont démissionnaires ou destitués de »* 1830, *ou avoir été affiliés dans la congrégation.* » Jamais affirmation publique ne fut plus hasardée. Cependant si M. le ministre avait consulté les listes des agents, il se serait promptement convaincu que la *Société reproductive* a ouvert à tous et pour tous les portes de son établissement. Elle a fait connaître par voie de circulaires et de prospectus que tout ce qu'elle exigeait pour caution morale, c'étaient des principes religieux. Alors des hommes de toutes nuances se sont présentés, faisant valoir ces nobles titres à leur admission. Nous pouvons affirmer qu'une bonne partie des agents est composée d'employés du gouvernement, ou en tout cas d'hommes connus pour leur dévouement à l'ordre de choses actuel, et qui ont cru en donner la meilleure preuve en participant à une chose toute dans l'intérêt social. Nous avons entre les mains de nombreuses lettres de personnes qui s'expliquent d'autant moins les persécutions dont elles sont l'objet comme agents de la Société, *qu'elles sont bien connues par leurs sympathies pour le pouvoir.* Sans doute des directions, etc., ont été demandées et obtenues par des hommes que 1830 a destitués, ou qu'on n'a pu décider à violer leur serment, et qui se sont empressés de se créer d'honorables ressources, afin d'employer leurs pénibles loisirs à une œuvre de régénération. M. le ministre aurait dû grandement se réjouir de voir la *Société reproductive* opérer un heureux prodige, en réunissant en de communs efforts et pour un même but, des hommes séparés par leurs divergences politiques. Il aurait dû protéger de toute sa force une entreprise pour l'heureux résultat de laquelle toutes les nuances se fondent, toutes les opinions deviennent sœurs, parce qu'il s'agit de morale et de religion.

2

Suivons M. le ministre :

« *Pour s'éviter des démêlés avec le pouvoir, la Société a » commencé à n'émettre que de petits traités moraux et histo- » riques; mais on travaille activement à des livres et brochures » qui seront loin de n'être* PAS HOSTILES A LA LIBERTÉ DE » CONSCIENCE ET A LA RÉVOLUTION DE JUILLET. »

Ici tout semble inexplicable au fond et dans la forme ; car M. le ministre accuse sans pouvoir rien indiquer, rien préciser. *On travaille,* dit-il ; et ces ouvrages qu'il ne connaît pas, il les qualifie et les condamne à l'avance par cette phrase si embarrassée: « *Ils seront loin de n'être pas hostiles à la liberté de conscience et à la révolution de juillet.* »

Heureusement pour la *Société reproductive,* M. de Montalivet est en veine de récriminations, et il laissera échapper l'aveu de ce qui fait le sujet de ces préventions officielles. Voici en effet le grand mot : « *On assure* positivement qu'au » commencement de l'hiver il doit paraître, par les soins de la » Société, des ÉCRITS SUR LE PROTESTANTISME, et une histoire » de la révolution française, racontée par un grand-père à ses » petits-enfants, ouvrage qu'on attribue à M. le vicomte de » Walsh. »

Sans nul doute, ce qui résulte de la double pensée de cette phrase, c'est que M. le ministre, un des chefs du gouvernement, redoute les attaques contre le *protestantisme.* Oh! il est vrai, très-vrai, et nous le répétons avec orgueil, la *Société reproductive* est catholique, rien que catholique. Elle a voulu devenir le puissant auxiliaire de ce saint et vénérable clergé de France, et seconder par ses publications les sublimes enseignements de la chaire. Bien plus, la *Société reproductive* croit le gouvernement intéressé à laisser propager ses principes, et, dans un traité très-remarquable que contient l'*Almanach des fidèles,* elle s'applique à raconter le mal produit, dans divers Etats, par les doctrines de Luther; elle démontre ainsi que le pouvoir actuel ne peut avoir cette inclination qu'on lui suppose pour le *protestantisme.* Soit que M. de Montalivet ait suivi sa propre impulsion, soit qu'il ait subi celle d'un autre, on ne peut se dissimuler qu'il a mis en avant des tendances qui SONT LOIN DE N'ÊTRE PAS HOSTILES à la religion de l'immense majorité des Français.

M. le ministre dit qu'on ASSURE que le vicomte de Walsh prépare un ouvrage sur la révolution française. Cette manière de procéder par voie de : *il paraît, on dit, on assure*, est bien étrange sous la plume de celui qui a tant de moyens d'être positivement informé et certain de ce qu'il avance. Quoi qu'il en soit, M. de Montalivet lui-même ne devrait pas s'alarmer de l'œuvre *future* de M. Walsh ; car, d'une part, ce nom a l'habitude d'être un sûr garant de loyauté, de talent, d'honneur, et quelles que puissent être d'ailleurs les appréciations de l'historien, on ne voit pas pourquoi **1830** voudrait mettre à *l'index* un livre qui ne ménagerait pas 93 ! ! !

M. le ministre termine (et il faut bien vraiment qu'il en finisse) par des instructions formelles. « *Il importe*, dit-il, *de » mettre des obstacles aux vues de cette association.* » Tout d'abord, il assimile les directeurs, sous-directeurs et correspondants ayant tous un dépôt de livres, à des libraires, et il veut les contraindre à se pourvoir d'un brevet et d'une patente. Nous examinerons plus bas ce point de vue légal. Quant à présent, nous discuterons la moralité de la *circulaire* : « *La plupart d'entre eux ne voudront certainement pas s'y » résoudre; car ce sont en général d'anciens employés supé» rieurs qui, pour favoriser une œuvre de propagande dans » l'intérêt de leur opinion, n'iront pas jusqu'à accepter la » qualité de commerçants, et encore moins les charges atta» chées à l'exercice de la profession de libraire.* »

L'intention est évidente ; ce qu'on veut, c'est d'enlever à des hommes que la révolution de juillet a réduits à la gêne ou à une inaction complète, l'occasion d'être utiles encore et surtout de compenser un peu les pertes qu'ils ont faites. Ces hommes qui ont abdiqué leurs vieilles épaulettes, qui ont obéi à leur conviction, on croit qu'en souvenir de leur ancienne position sociale, ils ne voudront pas se soumettre au brevet et à la patente....

Il y a dans ces prévisions si complaisamment exprimées quelque chose d'étroit et de cruel, il y a surtout une insultante erreur ! ! De tels hommes n'auraient pas reculé devant ces conditions, si elles leur eussent été imposées, car leur caractère est accoutumé à lutter contre tous les obstacles, dans l'intérêt du bien. Il y a un outrage évident pour les libraires et les commerçants dont on semble affecter de vouloir avilir la profession, en prétendant que des hommes qui se respectent dédaigneraient de l'accepter.

M. le ministre n'a pas prévu d'ailleurs qu'il soulèverait les vives plaintes des agents dont les opinions sont celles du gouvernement. Or, ils sont en grand nombre ceux qui ont cru, en recherchant ces fonctions, servir mieux encore leur pays, et ils s'indignent aujourd'hui d'être l'objet de mesures vexatoires et exceptionnelles. S'imaginerait-on que l'on a été jusqu'à menacer plusieurs employés du gouvernement, et même de simples débitants de tabac, de la perte de leur emploi, s'ils continuaient à tenir des bons livres!... Nous en avons toutes preuves par écrit! O profonde immoralité!...

La dernière phrase de M. le ministre est particulièrement caractéristique et confirme ce que nous avons dit en commençant la réfutation de sa circulaire; la voici : « Si je parviens à » me procurer la liste de ses agents, par les investigations de » la préfecture de police, je m'empresserai de vous la trans» mettre. »

Ceci est dignement conforme à ce que nous avons cru devoir appeler une dénonciation qu'on aurait revêtue d'un cachet et d'une signature officiels. M. le ministre aurait pu se procurer tout de suite, et *sans le secours des investigations de la préfecture de police*, la liste de ces agents, car elle est dans tous les prospectus, dans tous les catalogues, dans tous les journaux, dans tous les almanachs de la Société. En tout cas, MM. les directeurs se seraient *empressés de la lui transmettre.* De cette façon M. le ministre se serait épargné sa circulaire et surtout les mesures qu'elle a provoquées et obtenues contre une entreprise non politique, qui veut propager la morale et la religion, indispensables pour le maintien d'un gouvernement.

Dans sa circulaire, M. le ministre ne daigne entrer dans aucune considération légale; après avoir déblatéré contre la *Société reproductive*, qu'il nomme si haut *Propagande légitimiste* (lui qui doit savoir par cœur que les lois de septembre interdisent, sous peine d'amende et de prison, cette désignation), il se contente de dire, en ce qui concerne la loi, que les agents de la Société doivent être poursuivis parce qu'ils *s'assimilent aux libraires*. Sur cet avis non motivé, les préfets s'empressent de suivre les ordres du ministre, et viennent jeter l'alarme et l'embarras au sein d'une entreprise qui, depuis son origine, avait reçu tant de marques de confiance et de sympathie.

Il nous faut aujourd'hui réparer ce dommage et nous livrer à de sérieuses appréciations de *droit*.

Les agents de commerce connus sous le nom de commis voyageurs ne sont assujettis ni au brevet ni à la patente. La raison en est simple : ils ne font pas, à vrai dire, le commerce dans l'acception rigoureuse et légale du mot ; ils n'achètent pas et ne revendent pas pour leur compte et à leur profit, ils ne sont que des intermédiaires entre le marchand et le consommateur ; leur mission consiste uniquement à provoquer, à préparer, à conclure, à faciliter enfin par tous les moyens les marchés et les conditions de ces marchés.

Les correspondants de la *Société reproductive* sont dans une position analogue à celle des commis-voyageurs ; seulement ils sont sédentaires, et leurs fonctions se réduisent au placement des objets dont ils sont constitués dépositaires. C'est à tort qu'on leur imputerait de se livrer à des actes de commerce, puisqu'ils ne font pas imprimer, qu'ils n'achètent pas, et qu'ils ne vendent même pas pour leur propre compte. On ne saurait trop insister sur ce dernier fait, tant il est vrai que si les directeurs, sous-directeurs et correspondants ont un bénéfice quelconque dans le placement qu'ils opèrent, les livres ne leur appartiennent nullement. Leur cautionnement ne saurait être considéré comme un prix d'achat ; ce sont des actions prises dans la Société, mais qui restent inaliénables à la souche, comme garantie des envois qu'ils reçoivent, et dont la valeur excède la somme de ce cautionnement, qui d'ailleurs leur rapporte cinq pour cent d'intérêts, et leur donne droit aux dividendes de la Société. Ils sont tout à fait inhérents à la Société, ils y participent sous toutes les formes, ils ont droit aux bénéfices ; ils sont les associés d'une vaste entreprise, à condition d'en être aussi les agents. Ils contribuent seulement à l'écoulement des marchandises en multipliant les lieux de dépôt, et en mettant les objets à vendre à la portée de ceux qui en ont besoin. Dans ce cas, le véritable vendeur n'est pas le correspondant dépositaire, c'est la Société qui est autorisée et qui a pouvoir pour acheter et pour vendre ; c'est un gérant breveté et patenté qui agit directement, c'est lui qui est l'unique vendeur ; autour de lui et après lui, il n'y a que des agents secondaires aidant à la vente et ne la faisant pas pour eux, n'agissant point par eux-mêmes, mais au nom de la Société ; s'adressant toujours *à elle*, qui leur fait des envois et répond à leurs demandes, toujours pour son compte.

Cet état de choses ne serait peut-être plus le même, si le

correspondant, ne conservant pas seulement le rôle d'intermédiaire, ouvrait une boutique, formait l'étalage, etc. Mais est-ce là ce que l'on doit reprocher aux correspondants dont il s'agit? Quel signe extérieur révèle leur participation au commerce de la librairie? Aucun; car, par les affiches mêmes de la Société, ils sont publiquement indiqués comme agents dépendants de l'établissement qui a son siége à Paris, et est muni de brevet et de patente.

Il faut bien remarquer qu'il ne dépend pas de la volonté de l'administration de créer à son gré des catégories de patentables; la loi a déterminé quels seraient les citoyens soumis à des impôts et à des garanties particulières; elle a défini quels étaient les commerçants et ce qui constituait le commerce.

Si les tribunaux ont à apprécier la nature des droits que réclament les correspondants de la *Société reproductive*, il est impossible qu'ils ne comprennent pas l'immense différence qu'il y a entre *la vente* et *la remise* seulement des objets vendus : ils verront qu'il n'y a en pareille matière qu'un vendeur, la Société représentée par son gérant; que tous les autres intermédiaires ne sont que des commissaires chargés de *livrer* les objets vendus au profit de cette même Société.

Le public, d'ailleurs, est bien averti par la Société, non pas qu'il existe dans telle ou telle ville des boutiques, des magasins, etc., où se trouvent les marchandises mises en vente par elle, mais des dépôts d'où l'on peut retirer ce qu'il convient d'acheter à la Société.

Hâtons-nous d'ajouter que lors de l'apparition de la *Société reproductive*, le gouvernement, que semble vouloir représenter en cette circonstance l'auteur de la circulaire, connaissait toutes les pensées, tous les projets de cette magnifique innovation; non-seulement il pouvait prévoir, mais il savait jusque dans les plus petits détails les moyens à l'aide desquels s'étendrait partout une immense propagation des bons livres. Il n'y a eu rien de dissimulé, d'occulte dans les préparatifs et les combinaisons de *la Société*. On a dû voir clairement ce qu'elle voulait, comment elle le voulait, et surtout pourquoi elle le voulait. Les gérants se sont munis de brevets et de patentes dans lesquels sont naturellement compris tous les agents, qu'ils n'ont jamais considérés que comme leurs auxiliaires, et qui, en effet, ne peuvent prendre ni recevoir d'autre dénomination. En tout cas, c'était dans l'origine qu'il eût fallu l'avertir de l'infraction dont on fait aujourd'hui le prétexte de si violentes poursuites. Quelle arrière-pensée avait-on, en la laissant ainsi s'engager fort avant dans une voie qu'intercepteraient bientôt de si graves embarras? Le ministre, qui certainement avait dès lors son plan arrêté, aurait-il voulu, dans l'intérêt d'une passion inqualifiable, n'attendre jusqu'à ce jour que pour confondre à la fois dans les mêmes sollicitudes et les mêmes pertes, les actionnaires et les directeurs? Ou bien, dans l'intérêt du fisc, se serait-il plu à laisser s'accumuler les amendes? A coup sûr, cela ne serait ni digne ni juste.

Non, il n'y a pas eu *tolérance* de la part de M. le ministre; car cette *tolérance* serait coupable, puisque d'une part elle aurait négligé l'application de la loi, et que de l'autre elle se serait livrée à d'ignobles calculs pour enrichir le trésor aux dépens d'une œuvre bienfaisante. Il y a eu *droit* de la part de la *Société*, comme nous l'avons démontré par les saines interprétations des lois relatives au commerce, et les distinctions que nous avons établies. Nous demanderons encore si, par sa circulaire, le ministre a prétendu se faire l'avocat du commerce, ou tout simplement se déclarer l'ennemi, à tort et à travers, de la *Société reproductive*. Nous ne voyons pas pourquoi la librairie voudrait s'opposer à une entreprise qui, après tout, ne diffère de toutes celles qu'on voit se créer tous les jours dans ce genre de commerce, que par l'impitoyable exclusion qu'elle fait des mauvais ouvrages.

L'ancien palais des Stuarts est aujourd'hui un énorme magasin de librairie qui achète, qui vend, mais surtout qui expédie dans tous les départements, suivant les demandes de tout genre dont les directeurs, sous-directeurs et correspondants ne sont que les intermédiaires. Ce qui doit expliquer la position particulière de la *Société reproductive* en regard du commerce de la librairie, et faire comprendre que cette Société ait une si prodigieuse extension, c'est qu'elle a pris le soin de s'ériger en heureuse spécialité, en salutaire exception. Encore une fois, la librairie en général est loin d'avoir tous les bons livres; sans doute elle se charge de les procurer à qui les demande; mais on conçoit parfaitement que ceux qui ne veulent que d'honnêtes publications s'adressent de préférence à une fondation qui lui présente un choix plus complet et mérite des encouragements. La *Société reproductive* n'a pas l'intention de nuire à la librairie, elle souhaite au contraire de la voir suivre son exemple ; elle n'en veut qu'aux mauvais livres.... Cela est si vrai, que les libraires eux-mêmes n'ont pas osé dénoncer à l'autorité les agents que frappe le ministre, et que les magistrats du parquet chargés de réprimer ces délits n'ont jusqu'à ce jour trouvé lieu à aucune action judiciaire.

Ainsi, nul intérêt légal, nul intérêt commercial, nul intérêt administratif pour poursuivre la *Société reproductive;* tout intérêt moral *et même politique* au contraire pour l'agrandir et la défendre.

Examinons maintenant si, dans l'espèce dont il s'agit, il n'y a pas des précédents victorieux en faveur de la *Société reproductive.* Les pharmaciens font habituellement des dépôts de sirops, remèdes ou drogues quelconques chez des individus qui n'ont point de brevet de pharmacien, chez des particuliers qui n'ont point de patente, et ne sont pourtant l'objet d'aucune tracasserie. Les directeurs des postes, à Paris notamment, reçoivent des dépôts d'eau de Cologne, et dans les provinces surtout, les bureaux des diligences ont des dépôts de thé, etc. ; ils ne sont non plus en possession d'aucun brevet, et jamais on ne les a inquiétés. Ils sont avec raison regardés comme les délégués des pharmaciens, ou autres, sous la patente et les brevets desquels ils sont à couvert, ainsi que doivent l'être les agents de la *Société reproductive* sous la patente et le brevet de ses gérants.

Des faits plus directs et plus personnels doivent être cités. Il existe une autre Société dont la position est identique vis-à-vis de l'autorité. La *Société des dictionnaires*, publiant un grand nombre d'ouvrages, a pour directeurs et pour correspondants des hommes sans brevets ni patentes; elle les choisit dans toutes les classes. On y voit des ingénieurs, des propriétaires, des capitaines retraités, des professeurs, des notaires, des avocats, des huissiers, des vérificateurs, des secrétaires de mairie, des employés à la préfecture, des receveurs, des banquiers, des négociants, dont les noms et les adresses sont imprimés à la suite du catalogue. Cette Société n'a jamais été tourmentée et poursuit paisiblement son cours. En racontant ceci, nous constatons et comparons pour le besoin de notre cause, qui est celle de la justice et de la vérité : Dieu merci, nous ne dénonçons pas...

Un autre exemple corrobore celui que nous avons cité. Le *Dictionnaire des Communes* est déposé dans les bureaux des sous-préfectures et chez les percepteurs des départements.

Voyons maintenant ce que dira la justice, lorsque cette question lui sera soumise à la suite de l'exécution des ordres ministériels.

Ces saisies, ces appositions de scellés qui, au nom de l'administration, sont venues fondre sur les agents de la *Société reproductive* dans les provinces, ont soulevé des récriminations générales et des plaintes unanimes. A Mâcon notamment, l'honorable directeur a été l'objet des vexations commandées par la circulaire. Le tribunal a été saisi de la question ; et la *Société reproductive*, appuyée sur la réputation de tout le bien qu'elle a fait, a été publiquement vengée de cette odieuse tracasserie par un triomphe complet. Le tribunal, par jugement du 19 décembre 1837, a parfaitement compris qu'on ne devait pas considérer les directeurs comme *des libraires*, mais comme *les agents d'une Société d'éditeurs quelconques ayant brevet et patente, et il les a renvoyés de la plainte sans dépens.*

Que conclure donc de l'étrange mesure de M. de Montalivet? Que le pouvoir, ou tout au moins M. le ministre de l'intérieur, veut déshériter tous ceux qui avoueront leurs principes religieux par leur participation aux actes de la *Société reproductive.* Il faudrait déplorer une semblable aberration; car un Etat se suicide, lorsqu'il s'oppose aux progrès des bonnes mœurs, ce seul remède contre la corruption générale.

Ne peut-on pas conclure surtout que ce n'est pas *la Société reproductive* composée de tels gérants, de tels actionnaires, ou de tels directeurs, qu'on poursuit obstinément, mais bien plutôt la reproduction des bons livres, c'est-à-dire l'œuvre propagatrice du bien et inexorable ennemie du mauvais? Puisqu'il n'appartient pas au pouvoir d'interdire aux imprimeurs et aux libraires de composer et de vendre une si grande quantité de détestables ouvrages, puisqu'il ne peut empêcher cette effrayante circulation d'écrits immoraux et incendiaires, pourquoi cherche-t-il à détruire une entreprise qui peut largement réparer tout ce mal, et qu'à cause de son but et de ses résultats, il devait regarder et encourager comme un de ses plus puissants et indispensables auxiliaires?

Une Société, connue sous le nom de *Panthéon littéraire,* propage aussi les livres *à bon marché.* De toutes parts la

France est inondée de ses commis voyageurs qui colportent, au plus bas prix, dans les moindres villages, *Voltaire* et *Rousseau.*

De plus, des dépôts ont lieu non-seulement chez les libraires, qui augmentent ainsi leur collection déjà trop nombreuse, et surtout leurs bénéfices, mais encore chez de nombreuses personnes étrangères à la librairie. Eh bien ! pour le *Panthéon littéraire* il y a prime, subvention officielle et avouée... Faveurs pour le *Panthéon littéraire* ; procès-verbaux, saisies, scellés, vexations de toute nature pour la *Société reproductive* et ses agents...

On voudrait entraver ou plutôt anéantir la *Société reproductive,* et contre elle on s'empare de ce qu'on prétend être un moyen de droit. On a essayé de lire dans la loi que ceux qui ont un dépôt de livres doivent être regardés comme des libraires, et par conséquent obligés de se munir d'un brevet et d'une patente. Or, d'une part, on savait que la *Société reproductive*, munie elle-même d'un brevet, n'avait pas cru devoir obliger ses agents à cette formalité ; de l'autre, on s'est bien promis, au cas où ils consentiraient à s'y astreindre, de ne pas leur en permettre les moyens ; ainsi la haine contre la Société est évidente. On s'est plu à la nommer *propagande légitimiste,* on n'a pas pris et on ne prendra pas, car on sait bien qu'on ne pourrait pas y réussir, la peine de justifier cette dénomination qu'on veut lui rendre si fatale. Il faut qu'elle porte ses fruits... *Delenda est Carthago !*

Bien plus, on a voulu associer quelques évêques à cette inique querelle ; on a imprimé dans des journaux de province, organes officiels du pouvoir, des choses qui mettraient les prélats dans une position absurde et voudraient faire croire qu'ils trouvent dans la *Société reproductive* une gêne pour la conscience en matière de religion...... Ajoutons que l'article est fait dans un pays protestant. *Proh pudor !!!*

Les préfets, les sous-préfets reçoivent ordre de poursuivre à outrance ; et, remarquez-le bien, la circulaire part du ministère de l'intérieur.... C'est au zèle de l'administration qui en dépend, qu'est confié le soin de découvrir et de persécuter les directeurs, sous-directeurs et correspondants. On prétend qu'il y a contravention, et on ne s'adresse pas aux procureurs du roi, que concerne spécialement cette sorte de délits. Ceux-ci s'en étonnent, et nous en trouvons la preuve dans plusieurs lettres, entre autres dans celle d'un des principaux agents *bien connu, dit-il, par ses principes religieux, mais aussi par son dévouement au roi des Français.*

En voici l'extrait :

« Bien que mon dépôt ne soit pas au rez-de-chaussée, il » vient d'être MIS SOUS SÉQUESTRE, après inventaire ; et ce, » sur la réquisition du préfet, quoique *M. le procureur du roi* » *n'ait pas trouvé lieu à poursuivre.* »

Rien ne peut expliquer tant d'acharnement et tant de haine contre une œuvre qui, jusqu'à ce jour, n'a pas fourni le plus léger grief, et n'a mérité au contraire que des approbations et des encouragements de la part des organes de la presse indépendante. (Voir surtout le *Messager*, l'*Europe*, l'*Estafette*, *la Bourse*, etc., et même la *Mode*, le *Corsaire*, le *Figaro*, etc.) Et, en effet, tous les journaux ont reconnu que cette nouvelle création devait avoir les plus heureux résultats dans l'intérêt de l'instruction et de la moralité publiques. Il faut bien rappeler les faits pour apprécier sainement les actes. On a laissé la *Société reproductive* se constituer, répandre ses prospectus, recevoir le prix de ses actions, et, avec cette abondance de fonds, commencer ses opérations sur la plus grande échelle, organiser, par divisions et subdivisions intelligentes, ses relations, ses correspondances, ses dépôts dans tous pays. Puis, lorsque l'argent de ses actionnaires a été converti en frais d'établissement, en réimpressions, en traductions, en compilations, en immenses travaux de tous genres ; lorsque, radieuse et prospère, elle se voyait saluer par les assentiments de tous les hommes de bien, on est venu, non point chicaner, mais brutalement mettre le séquestre et les scellés chez les dépositaires.

Et d'ailleurs, puisqu'on reproche amèrement à la *Société reproductive* d'être une *propagande légitimiste*, il serait convenable d'indiquer les moyens employés par elle, et en particulier les livres destinés à servir ses prétendus projets. Les ouvrages qu'elle a publiés jusqu'à ce jour n'ont pu fournir le moindre prétexte aux étranges mesures de l'autorité ; car aucun d'eux n'a rapport à la discussion politique. On a paru s'inquiéter de l'*Histoire des historiens de la révolution*, par M. Cyprien Desmarais ; mais on ne peut ignorer quels sont les sages principes de l'auteur, connu depuis longtemps et qui en est à sa troisième édition. *Les Martyrs du Maine*, par M. l'abbé

Théodore Perrin, sont une peinture touchante et vraie d'une époque désastreuse pour un pays dont les gloires et les malheurs intéressent tous les Français. Quant à l'*Almanach des fidèles*, il se distingue sans doute par un traité très-catholique sur le protestantisme. Tout cela doit rentrer dans les vues du gouvernement, et il est impossible d'y rencontrer la moindre trace d'esprit de parti.

Cette Société cependant ne réclamait point de subventions, elle ne se montrait point envieuse des priviléges d'autrui; son unique ambition était de faire le bien; et quand d'autres jetaient des livres funestes dans les bibliothèques populaires, elle aspirait à les remplacer par *les chefs-d'œuvre de Châteaubriand*, et surtout par ses *Martyrs* et son immortel *Génie du Christianisme;* par l'*Histoire de la religion*, confiée à la plume habile de M. *Alex. Guiraud;* par les poétiques inspirations de M. *Alex. Soumet* et de sa fille, et par les écrits de nos plus estimables auteurs; par les *Chefs-d'œuvre des auteurs sacrés* et par ceux *des Pères de l'Eglise;* par *une Bibliothèque universelle, religieuse, morale, historique, scientifique* et *littéraire à l'usage de la jeunesse;* enfin, par la reproduction d'une foule de bons livres, tels que l'*Ecole des mœurs*, la *Morale en action*, les *Prisons* et les *Devoirs* de *Silvio Pellico*, des histoires et des nouvelles morales, des traités religieux, des exercices de piété, etc., etc.

Il faut donc à la fois être surpris et affligé de voir une persécution si acharnée s'exercer contre une propagande qu'on accuse d'être *légitimiste*, parce qu'elle a pour but le maintien ou pour mieux dire la résurrection des principes religieux, des seuls principes d'ordre et de sécurité.

On ne saurait trop le redire, ce n'est point aux hommes qui dirigent ou qui soutiennent la *Société reproductive* qu'on a voulu livrer une guerre injuste, c'est à la reproduction des bons livres, au moment de sa plus heureuse extension. Il est certain qu'un intérêt uniquement matériel, funeste par ses résultats, a stimulé le zèle du ministre et présidé à sa circulaire. Or, n'est-ce pas un véritable devoir de mettre de côté un pareil intérêt, plutôt que de nuire à *une société* qui ne peut en aucun cas être considérée comme politique, si ce n'est parce que toutes ses publications sont réellement utiles à l'ordre et par conséquent au gouvernement?...

Toutes les considérations que nous avons développées, sans

passion comme sans aigreur, parce que la cause de la *Société reproductive des bons livres* est trop juste et trop sainte pour se servir de mauvaises armes, éclaireront M. le ministre de l'intérieur, et lui prouveront ce que lui a déjà dit la lettre de M. Théodore Perrin, *qu'on a surpris sa bonne foi.*

Non, la loi n'a pas été violée par la *Société reproductive;* et en tout cas, ce serait une bien heureuse infraction que celle par qui seraient répandues avec profusion les plus pures, les plus solides doctrines en religion, en morale, en politique.

AUGUSTE JOHANET, Avocat.

Paris, 2 janvier 1838.

LE CONSEIL SOUSSIGNÉ, après avoir lu le Mémoire, est de l'avis qui suit :

La circulaire de M. le ministre est le résultat évident d'une erreur, et il est permis de réfuter, ainsi qu'il a été fait, les insinuations malveillantes qui ont été surprises à *sa bonne foi.*

Sous le rapport du droit, il n'est pas moins évident que l'assimilation imaginée et mise en avant sous le nom de M. le ministre, pour ce qui concerne les libraires, est complétement dénuée de fondement.

Jamais on n'a pu considérer de simples agents intermédiaires comme des commerçants;

Jamais on n'a pu voir dans leurs actes autre chose qu'une remise, et non une vente;

Jamais ils n'ont dû être obligés à une patente et à un brevet, puisqu'ils sont couverts par la patente et le brevet des éditeurs, au nom desquels ils agissent;

Enfin, la distinction établie entre des agents dépositaires, qui ne font rien pour leur propre compte, et des libraires qui achètent et qui vendent pour leur propre compte, est conforme à la justice et à la vérité.

D'autre part, l'usage le plus constant, le plus invariable, est conforme à ces doctrines ; déjà elles ont été consacrées par jugement du tribunal de Mâcon.

En outre, il est indispensable, dans l'intérêt même du commerce, que de telles opérations soient rendues faciles par tout gouvernement, surtout lorsque les tendances générales ont pour but de donner une grande étendue à ce genre de communication avec le public.

En présence de ces considérations de droit et d'équité, le conseil soussigné ne doute pas que M. le ministre ne s'empresse de rétracter sa circulaire.

HENNEQUIN.

CONSULTATION.

LE CONSEIL SOUSSIGNÉ, qui a lu le Mémoire rédigé pour la *Société reproductive des bons livres*,

Est d'avis que cette Société n'est point en état de contravention à la loi concernant la police de la librairie, et que les poursuites dirigées contre ses agents sont mal fondées, ainsi que l'a jugé le tribunal de Mâcon.

Peu de mots suffiront pour le démontrer.

Mais d'abord mettons de côté la couleur politique qu'on veut prêter à la Société. Si nous avions à nous expliquer à cet égard, nous dirions en toute sincérité qu'après avoir examiné avec soin ses prospectus et les livres qu'elle a publiés, il nous a apparu que sa direction et ses tendances étaient toutes religieuses et morales, mais non politiques; qu'on a prêté aux actes et aux publications le reflet des opinions supposées dans les hommes qui sont placés à la tête de l'association, et qu'à cet égard l'autorité a été trompée par de faux rapports.

Quoi qu'il en soit, au surplus, là n'est pas et ne peut pas être la question à examiner et à résoudre. La loi est la même pour tous; légitimistes ou autres, les Français sont égaux à ses yeux et ont les mêmes droits à sa protection, tant qu'ils ne violent point ses dispositions. Ainsi le veut la justice; ainsi le prescrit la loi fondamentale de l'Etat.

Examinons donc le droit des consultants, abstraction faite de toute prévention politique et de toute préoccupation de parti.

La loi sur la police de la librairie est une loi de monopole. Elle concentre un genre de commerce dans un petit nombre de mains choisies par le pouvoir. Peut-être le principe de la liberté de la presse déposé dans la Charte appelait-il un autre système. Mais il ne nous appartient pas de juger la loi : notre devoir est de nous y soumettre, et notre mission consiste uniquement à l'interpréter.

Toutefois il est permis de dire que les lois de ce genre, restrictives d'un droit public, constitutives d'un véritable privilége, resserrant le cercle d'une de nos plus précieuses libertés, doivent s'interpréter *stricto sensu* et ne recevoir application que dans les termes et les limites formellement prévus et déterminés.

Or, que trouvons-nous dans la législation sur la matière ? — Que nul ne peut être *libraire*, s'il n'est *breveté par le roi et assermenté*. (Art. 29 de la loi du 5 février 1810, et art. 11 de la loi du 21 octobre 1814.)

C'est une garantie qu'on a voulu offrir à la société. Ce commerce important n'a été confié qu'à des hommes choisis, sur la moralité desquels on aurait pris information, qui seraient liés à leurs devoirs par la religion du serment, et qui, par leur établissement même, offriraient prise à toutes les responsabilités légales.

Mais une fois ces garanties conquises, ils ont dans leur commerce une liberté absolue et sont placés sur la même ligne que les autres négociants.

Ainsi, nulle disposition législative ne leur prescrit d'exercer leur profession en personne. Ils peuvent avoir des commis sédentaires, ils peuvent également avoir des commis voyageurs, d'après cet adage vulgaire à force de vérité, que tout ce qui n'est pas défendu est permis.

Et, en effet, on ne peut pas dire que ces commis sont des libraires ; ils n'agissent pas pour leur compte, mais pour compte d'autrui ; c'est le libraire qui agit et contracte par leur organe et leur intermédiaire. Le droit, la direction, l'utilité se trouvent là où est placée la responsabilité, et le but de la loi est rempli.

Vainement objecterait-on que la jurisprudence a assimilé les colporteurs aux libraires et exigé qu'ils fussent, comme ceux-ci, munis de brevets. La jurisprudence a eu raison ; car le colporteur n'est autre chose qu'un libraire ambulant ; c'est pour son propre compte qu'il achète et qu'il vend ; la seule différence qu'il y a entre lui et le libraire sédentaire, c'est que les acheteurs vont trouver celui-ci, tandis que le colporteur va trouver les acheteurs. Il y avait donc mêmes motifs pour soumettre l'un et l'autre à l'obtention d'un brevet.

Mais s'il est raisonnable et juste d'assimiler le colporteur au libraire, il ne saurait en être ainsi du commis voyageur, qui n'agit point pour son compte, et n'est que le représentant et le mandataire du libraire breveté.

Aussi est-il sans exemple qu'un commis voyageur d'une maison de librairie ait été inquiété ou recherché, soit qu'il se fût borné à recevoir des commandes et à passer des marchés, soit que, conduisant avec lui les ouvrages de son commettant, il en ait opéré directement le placement et la vente.

Que si maintenant un libraire, au lieu d'avoir un ou plusieurs commis voyageurs qui parcourent les départements, établit dans diverses villes des agents, employés ou commis qui se chargent du placement des ouvrages édités par lui, pourra-t-on dire que ces agents, employés ou commis sont en réalité des libraires soumis à la formalité du brevet et du serment ?

D'abord les lois sur la police de la librairie ne le disent pas, et nous avons démontré que ces lois ne sont pas du nombre de celles dont on peut étendre les termes. Tout ce qu'elles n'atteignent pas de leurs prohibitions demeure dans le droit commun, et fait partie des libertés publiques. Dans le doute même, c'est pour la liberté, et non pour la restriction qu'il faut répondre : *In dubiis pro libertàte respondendum.*

Mais il y a plus : la loi ne devait pas, ne pouvait pas raisonnablement imposer, en pareille position, la nécessité du brevet.

L'agent, l'employé, le commis (on l'appellera du nom qu'on voudra), n'est point libraire, n'agit point pour son compte. C'est, comme nous l'avons déjà dit, le libraire qui agit par son représentant ; ce sont les affaires du libraire qui se font ; c'est son commerce qui s'exerce ; ce sont ses instructions qu'on suit, ses livres qu'on vend : il est la tête, l'agent n'est que le bras. Il suffit donc que le libraire soit breveté ; l'agent n'a pas besoin de l'être.

A ce moyen, d'ailleurs, le but de la loi est parfaitement atteint. Celui qui fait le commerce des livres, qui le dirige, qui en profite, qui en donne les éléments et les moyens, est l'homme que l'autorité a choisi, nommé, breveté; l'homme qui a prêté le serment voulu par la loi; l'homme à qui s'attache la responsabilité.

Quant à ses agents, qu'importe qu'au lieu d'avoir un commis voyageur qui se rendrait de ville en ville et se multiplierait par ses courses, il ait dans chacune de ces villes plusieurs agents sédentaires qui fassent l'office de commis voyageurs? Le nom seul est changé, la chose est la même. Dans l'un comme dans l'autre cas, ce sont des intermédiaires placés entre le public et le libraire, des mandataires d'un négociant, des préposés chargés d'un placement de marchandises. Le nombre seul varie, et, pour prendre dans la librairie même un point de comparaison, nous dirons que cette différence est comme celle qui existe entre deux éditions du même ouvrage dont l'une serait en un ou deux volumes, et l'autre en un plus grand nombre; ce ne serait pas moins le même ouvrage.

Concluons donc avec assurance que si aucun brevet n'est exigé du commis voyageur, on ne peut pas davantage soumettre à cette obligation le commis ou agent sédentaire.

Mais, dira-t-on, vous allez constituer ainsi une foule de libraires au petit pied dans les localités où il vous plaira de placer vos agents.

Erreur, répondrons-nous : Erreur, en fait et en droit.

Nous ne saurions trop le redire : le libraire est le négociant qui agit pour lui-même; qui vend les livres qu'il veut, comme il veut, quand il veut; qui a son libre arbitre absolu, et qui peut, par le mauvais usage qu'il en ferait, nuire à la chose publique. C'est cette liberté d'action qui fait sa responsabilité; et c'est tout à la fois pour prévenir l'abus de la liberté et pour assurer l'effet de la responsabilité, que le brevet et le serment ont été prescrits, ainsi que nous l'avons démontré.

Or, établir dans une ville un agent pour vendre, non pas tous les livres qu'il voudra, mais les livres qui viendront des magasins de son commettant, n'est pas faire de cet agent un libraire. C'est simplement se donner un mandataire.

Objectera-t-on que ce pourra être un moyen de fraude, et que sous le nom de mandataire et d'agent, on pourra établir un véritable libraire indépendant?

Nous répondrons que toujours la fraude fait exception, et

qu'elle doit être réprimée partout où elle se rencontre ; que, dans l'hypothèse de l'objection, le prétendu agent serait considéré comme contrevenant à la loi du brevet, non pas en tant qu'agent, mais en tant que libraire ; c'est-à-dire que la réalité serait rétablie à la place de la fiction, et que l'application de la loi se trouverait ainsi assurée.

Dira-t-on que la fiction ne pourra pas toujours être découverte et la vérité atteinte ?

Mais d'abord, et sous le point de vue du droit, depuis quand la difficulté d'appliquer un principe doit-elle le faire méconnaître et jeter en dehors des voies légales ?

Ensuite, et en fait, cette difficulté existe-t-elle ? Évidemment non.

Entre un commettant et son mandataire, il y a des rapports nécessaires, obligés, que rien ne remplace, qui laissent des traces nécessaires, et qu'on ne peut pas feindre. Ce sont les livres, la correspondance, les comptes, les expéditions de marchandises, les envois de fonds, etc., etc. Partout où, dans la réalité, il n'y aura que l'agent d'un libraire, tout cela devra exister et constatera sa qualité d'une manière non équivoque. Partout où la prétendue qualité d'agent ne sera qu'un masque, ces éléments manqueront, et la vérité sera facilement mise à nu.

Dans l'espèce, cette vérification serait plus facile encore : car la *Société reproductive* ne vend que les livres édités et publiés par elle. Or, celui qui ne sera que son agent, ne doit pas vendre d'autres livres ; autrement il sortirait de son mandat et deviendrait libraire pour son propre compte, sans que la Société pût être responsable de ses faits et gestes.

L'objection est donc sans valeur réelle.

Une autre objection, plus grave en apparence, peut être proposée. — On pourra dire que le libraire lui-même étant breveté pour Paris, ou pour une ville quelconque, n'a pas le droit de former, par lui ni par autre, un établissement de librairie ou une succursale dans une autre ville que celle de sa résidence.

Mais où a-t-on puisé cette prohibition ? nulle part ; et déjà cela serait suffisant pour la réfutation de l'objection.

Ensuite, et c'est ici la principale réponse, il ne s'agit pas d'une succursale, d'un établissement de librairie proprement dit; c'est-à-dire de la transmission de la faculté de vendre toute espèce de livres anciens, nouveaux, étrangers à la Société ou lui appartenant. Il s'agit uniquement d'une espèce de lieu de dépôt, de magasin spécial de livres édités par la Société, qu'elle avait droit de vendre partout. Si ces livres étaient déposés au bureau de la diligence, on ne pourrait rien dire. Comment donc le dépôt chez le commis ou préposé deviendrait-il un délit?

Ceci nous conduit, au surplus, à considérer la question sous un autre point de vue.

La Société reproductive des bons livres ne fait pas simplement le commerce de la librairie ; elle est en même temps éditeur, et ne vend même que les livres qu'elle édite.

Or, cette qualité ne lui donne-t-elle pas un droit plus étendu que la simple qualité de libraire?

L'ancien règlement de 1777 autorisait les auteurs à vendre chez eux leurs ouvrages, sans avoir besoin d'un brevet de libraire.

Les lois nouvelles n'ont point renouvelé cette autorisation; mais, dans le fait, le droit s'est continué et maintenu.

Il s'est même constamment étendu aux éditeurs.

Et la raison est facile à saisir.

Pour un libraire qui vend toute espèce de livres, anciens et nouveaux, on a pu croire qu'il ne suffisait pas d'une surveillance qui deviendrait par trop laborieuse, si elle s'étendait à tout le détail de son commerce. On a pris des garanties plus générales.

Mais il n'en est pas de même de l'éditeur, qui ne vend qu'un ouvrage, ou quelques ouvrages spéciaux. Comme il est obligé de les déclarer avant de les mettre en vente et d'en faire le dépôt, la surveillance s'opère sur l'ouvrage même et non pas sur l'homme. La même police n'est plus nécessaire, et les mêmes lois ne reçoivent plus leur application dans une position toute différente, et pour laquelle ces lois n'ont pas été faites.

L'éditeur peut donc vendre chez lui et faire vendre chez qui lui plaît.

Nous pourrions citer un grand nombre d'exemples. Nous nous bornerons à en rappeler quelques-uns.

Le *Dictionnaire des Communes* est déposé dans les bureaux

des sous-préfectures et chez les percepteurs des départements, qui ne sont pas brevetés comme libraires, que nous sachions.

La Société *des Dictionnaires* a dans les départements des dépôts et des agents, en tout semblables à ceux de la Société reproductive des bons livres.

Enfin il en est de même de la fameuse entreprise du *Panthéon littéraire*. Celle-ci a même des encouragements et des primes extraordinaires.

Pourquoi donc toutes ces sociétés sont-elles libres dans leur action? et pourquoi la Société reproductive des bons livres ne l'est-elle pas? Pourquoi la tolérance pour les autres et la persécution pour celle-ci! La loi a-t-elle deux poids et deux mesures?

Disons-le en terminant : on a trompé l'autorité par de faux rapports ; on l'a effrayée d'une direction politique qui n'existait pas ; peut-être même des intérêts privés se sont-ils cachés sous ces faux rapports et ces dénonciations.

Mais l'autorité mieux informée reconnaîtra sans doute l'erreur où on l'a jetée, et dans tous les cas la Société reproductive des bons livres peut compter sur l'équitable et ferme impartialité des magistrats. Déjà même elle en a fait l'expérience devant le tribunal de Mâcon, et il est à croire que la sage décision de ce tribunal se reproduira partout où les mêmes poursuites s'exerceront.

Délibéré à Paris, le 3 janvier 1838.

Ph. DUPIN.

Le Conseil soussigné adhère pleinement à la présente consultation.

Paris, 4 janvier 1838.

DELANGLE.

Paris, imprimerie de Decourchant et Cie, rue d'Erfurth, 1.

www.ingramcontent.com/pod-product-compliance
Ingram Content Group UK Ltd.
Pitfield, Milton Keynes, MK11 3LW, UK
UKHW020415220726
13923UKWH00004B/1969

9 782019 275679